AF313541

Vente du Vendredi 13 Décembre 1861

OBJETS D'ART

ET

TABLEAUX

APPARTENANT A Mme SABATIER

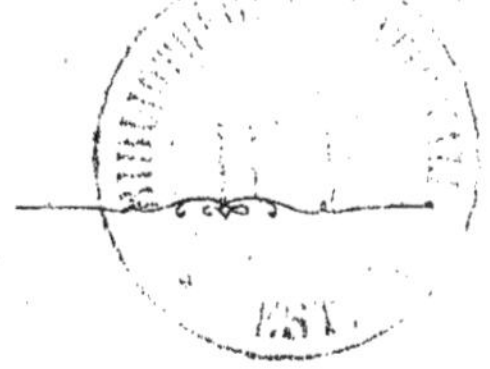

Me CHARLES PILLET

Commissaire-Priseur

M. ROUSSEL
Expert

M. PETIT
Expert

PARIS. IMPRIMERIE DE PILLET FILS AÎNÉ
5, RUE DES GRANDS-AUGUSTINS.

CATALOGUE

D'UNE RÉUNION

D'OBJETS D'ART

CURIOSITÉS

TABLEAUX MODERNES & ANCIENS

Appartenant à Mme SABATIER

Buste en marbre, par Clésinger ;
Statue en biscuit tendre de Sèvres, par Falconet ; Groupe de Clodion ;
Candélabres Louis XVI, bras Louis XV ;
Pendules ; Meubles anciens ; Porcelaines et Faïences anciennes ;
Boîtes et Tabatières, etc.

DONT LA VENTE AUX ENCHÉRES PUBLIQUES AURA LIEU

HOTEL DROUOT,

SALLE N° 5

Le Vendredi 13 Décembre 1861

A UNE HEURE

Par le ministère de Me **CHARLES PILLET**, Commissaire-Priseur,
rue de Choiseul, 11,

Assisté, pour les curiosités, de M. **ROUSSEL**, Expert, rue Moncey, 16,

Et pour les tableaux, de M. **PETIT**, expert, rue de Provence, 43.

Chez lesquels se distribue le présent Catalogue.

EXPOSITION PUBLIQUE

Le Jeudi 12 Décembre 1861, de midi à cinq heures.

PARIS. — IMPRIMERIE DE PILLET FILS AINÉ

RUE DES GRANDS-AUGUSTINS, 5

1861

CONDITIONS DE LA VENTE

Elle sera faite au comptant.

Les adjudicataires payeront *cinq pour cent* en sus des enchères, applicables aux frais.

DÉSIGNATION

DES OBJETS

1 — Beau buste en marbre blanc, de grandeur naturelle, représentant madame A. Sabatier; par A. J. Clesinger. Signé et daté de 1847.

Cette œuvre, remarquable par la grâce, le charme et l'expression spirituelle de la physionomie autant que par l'exécution, dont le fini minutieux et artistique rappelle le beau talent de Houdon, auquel il ne le cède en rien, peut être considérée comme l'une des plus heureuses productions de Clesinger.

2 — Statue de jeune fille, assise sur un rocher, entourée de branches de lierre. Biscuit tendre de Sèvres. par Falconet.

Cette charmante figure, d'un modelé admirable et d'une expression remplie de finesse, est le pendant de l'Amour (*Garde à vous!*), si connu, et que l'artiste a reproduit dans différentes proportions ; celle-ci, de grandeur naturelle, est des plus rares.

3 — Groupe de trois figures, Bacchantes et Amour, en terre cuite, de Clodion. Piédestal en bois de palissandre.

> Ce beau groupe ne laisse rien à désirer, tant sous le rapport du modelé que sous celui de la grâce lascive des figures, qui caractérisent le talent du maître.

4 — Petite statuette en marbre blanc, par Falconet. Jeune femme assise, sortant du bain, le pied gauche appuyé sur son genou, paraît occupée de sa toilette ; statue de petite proportion et d'une bonne exécution.

5 — Médaillon circulaire en biscuit tendre de Sèvres, représentant le portrait de la reine Marie-Antoinette. Cadre en cuivre doré.

6 — Pendule en bronze doré ; Bacchante couchée, style de Clodion, le coude appuyé sur une urne qui contient le mouvement. Le piédestal est orné de bas-reliefs représentant les Arts libéraux.

7 — Deux candélabres à trois branches, sortant de cornes d'abondance que portent des figures de femmes drapées, sur fûts de colonnes cannelés ; le tout en bronze doré. Époque Louis XVI.

8 — Deux vases à fleurs, de forme cylindrique, en porce-

laine céladon à dessins gaufrés, vert olive, sur socles en bois sculpté.

9 — Très-belle console du temps de Louis XVI, en bois d'acajou, garnie de tiroirs et d'une tablette d'entre-jambes; les pieds, en forme de pilastres à canne-lures, sont garnis de ligettes en bronze doré; tablette de dessus en marbre blanc.

Ce beau meuble est richement orné de bronzes dorés.

10 — Deux petits meubles à hauteur d'appui, fermant à une seule porte pleine en marqueterie de Boule, première partie sur écaille noire, ornés de bronzes dorés, avec dessus en marbre vert de mer à moulures.

Ces meubles, d'une très-bonne fabrication, sont fort bien conservés.

11 — Table à jouer du temps de Louis XV, en bois des îles, garnie de bronzes rocaille.

12 — Belle paire de candélabres anciens, à trois branches de lis, portés par des figures de femmes drapées, sur fûts de colonnes cannelés, en bronze doré. Époque Louis XVI.

13 — Deux paires de bras anciens en bronze doré, à trois branches, ornées de figures d'enfants portant des guirlandes de feuilles de chêne; ils sont surmontés de vases aussi ornés de guirlandes de chêne. Époque Louis XV.

14 — Petite paire de feux rocaille, bronze en couleur, avec pelle et pincettes de même style.

15 — Deux coupes en porcelaine de Chine, ayant la forme de papillons.

16 — Bol à couvercle, avec plateau en porcelaine de Chine richement décorée.

17 — Sucrier de forme cylindrique en porcelaine du Japon ; le bouton du couvercle est en cuivre doré.

18 — Bel encrier en faïence de Rouen, décoré d'arabesques en camaïeu bleu.

19 — Plateau rond sur pied élevé en laque du Japon, fond noir à dessins d'or.

20 — Petit lustre en cuivre doré, garni de cristaux.

21 — Pitong ou porte-allumettes, en pierre de lard sculptée et découpée à jour ; travail chinois.

22 — Grande boîte à jeu en beau laque de Chine, fond noir à décor d'or ; elle renferme plusieurs boîtes et compartiments contenant des jetons et des fiches en nacre de perle finement gravés.

23 — Plusieurs tapisseries de Flandre à paysages, pour tentures et portières.

24 — Grande bibliothèque vitrée, à deux vantaux, en bois noir incrusté de filets de cuivre gravé. Meuble ancien de l'époque de Louis XIV.

25 — Très-jolie table à ouvrage du temps de Louis XVI, en bois d'acajou, à deux étages de tablettes, de forme très-gracieuse et richement ornée de bronzes dorés très-soigneusement ciselés. (Bon meuble ancien et pur.)

26 — Ancienne boîte à pans, du temps de Louis XVI, en or ciselé, d'un travail très-soigné, émaillée fond bleu.

27 — Ancienne boîte ovale, en or ciselé, du temps de Louis XVI, émaillée fond bleu ; le couvercle est décoré d'un portrait d'homme dans le style de Petitot.

28 — Paire de flambeaux anciens du temps de Louis XVI, ornés de guirlandes et de rosaces ; bronze doré.

29 — Très-belle paire de girandoles anciennes, à trois branches, ornées de feuillages d'un style très-riche et d'une ciselure remarquable ; bronze doré, de l'époque de Louis XVI.

29 *bis* — Deux paires de bras anciens à trois branches, ornés de feuillages et se rattachant à des carquois surmontés de groupes de tourterelles ; bronze doré au mat, et belle ciselure. Époque Louis XVI.

30 — Meuble formant toilette, en marqueterie de bois rose, garni de bronzes dorés et enrichi de plaques en porcelaine de Sèvres finement peintes.

30 *bis* — Grand divan avec ses coussins, couvert en velours bleu et soie à fleurs.

31 — Grande et belle armoire de salle à manger fermant à deux vantaux et ornée de pilastres, avec chapiteaux sculptés, en bois de Sainte-Lucie.

Meuble flamand d'une parfaite exécution et d'un ensemble riche.

32 — Deux jolies tables-servantes à étagère, de forme triangulaire, très-gracieuse, en bois d'acajou, du temps de Louis XV.

33 — Baromètre en bois sculpté et doré, très-riche d'ornementation, du temps de Louis XVI.

34 — Deux plats en faïence italienne, ornés de peintures représentant saint Matthieu et saint Jean.

35 — Deux grands plats en faïence hollandaise, à décor bleu et rouge très-riche.

36 — Deux corbeilles à couvercle, avec plateaux découpés à jour, en porcelaine, ayant pour marque de fabrique un croissant, décorées de fleurs en relief avec rehauts d'émail bleu.

37 — Deux autres corbeilles à jour, avec plateaux en faïence de Chantilly.

38 — Deux plateaux en porcelaine de l'Inde, dont les bords, découpés à jour, sont décorés de fleurs en relief.

39 — Sucrier rocaille de forme bizarre, en porcelaine de Saxe décorée de fleurs ; le couvercle est orné de têtes d'éléphants.

40 — Plateau de forme circulaire, en porcelaine du Japon, d'un riche décor ; il est garni de quatre petites burettes en même porcelaine.

41 — Bol à fromage, avec plateau, en forme de fleur ; faïence ancienne, à décor camaïeu bleu.

42 — Deux charmantes coupes ayant la forme de seins, posées sur des trépieds de forme antique, porcelaine de Sèvres, provenant de la laiterie de Trianon, à Versailles.

43 — Joli petit miroir italien ; glace à biseaux et cadre à moulures en bois d'ébène, avec incrustations en jaspe fleuri rouge et lapis-lazuli. Ouvrage florentin du seizième siècle.

Pièces rares.

44 — Garniture de cheminée ancienne, composée d'une petite

pendule en marbre blanc, avec cariatides et trophée d'armes en bronze doré, et de deux vases en marbre blanc également montés en marbre blanc. Époque Louis XVI.

45 — Vénus debout sortant du bain, jolie statuette en bronze florentin, sur fût de colonne en granit rose d'Égypte garni de bronze doré.

46 — Jolie petite paire de flambeaux Louis XVI, en bronze doré et d'une bonne ciselure.

47 — Jeune garçon portant une coupe sur la tête.

48 — Belle aiguière de pharmacie, décorée de figures allégoriques. Faïence d'Urbino.

49 — Joli petit meuble; secrétaire à abattant, en bois d'amarante incrusté de filets de bois de couleur, garni de bronzes finement ciselés. Époque Louis XIV.

50 — Petit lustre flamand à quatre branches, en cuivre poli.

51 — Paire de bras à trois branches, en cuivre poli, de même style que le lustre.

52 — Belle jardinière avec son plateau, en céladon à dessins gaufrés, bel émail vert olive.

53 — Petit médaillon rond en étain, offrant un buste de
   femme ; cadre en cuivre doré. Époque Louis XVI.

54 — Encrier de l'époque de Louis XVI, en cuivre doré :
   Jeune garçon battant du tambour.

55 — Petit flacon en porcelaine de Saxe, formé par un groupe
   de figures : Une jeune fille et l'Amour médecin.

56 — Quatre petits patères à crochet, en cuivre ciselé et doré,
   du temps de Louis XVI.

57 — Deux bras à trois branches de lis, en cuivre doré, du
   temps de Louis XVI.

58 — Une couronne de lit en bois, finement sculptée et dorée.

59 — Une lanterne d'antichambre en bronze doré, style
   Louis XVI.

TABLEAUX ET DESSINS

BELLEL.

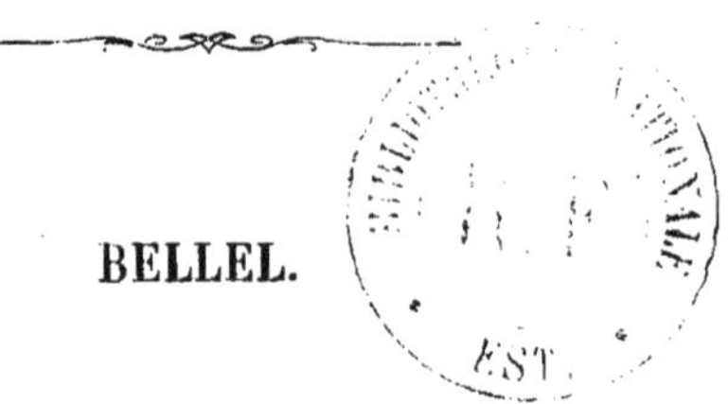

60 — Paysage.

Pastel de forme ovale. Haut. 32 cent.; larg. 23 cent.

BOISSARD.

61 – Ève.

Haut. 21 cent.; larg. 13 cent.

62 — Intérieur de forêt. (Étude.)

Haut. 46 cent.; larg. 37 cent.

63 — Vase de fleurs.

64 — Une pauvre famille.

Haut. 12 cent.; larg. 18 cent.

BOUCHER (François) (attribué à).

65 — Naïade appuyée sur un dauphin.

Haut. 30 cent.; larg. 39 cent.

66 — Naïade jouant avec un dauphin.

Haut. 30 cent.; larg. 39 cent.

CICERI (A.).

67 — Paysage.

Aquarelle.

CLESINGER.

68 — Étude de paysage.

Haut. 13 cent.; larg. 23 cent.

DIAZ.

69 — Bouquet de fleurs.

Haut. 31 cent.; larg. 19 cent.

A. DE DREUX.

70 — Un lancier.

Aquarelle.

A. DE DREUX.

71 — Un artilleur.

Aquarelle.

72 — Cheval sellé.

Aquarelle.

DORCY.

73 — Quatre médaillons de forme ovale. Baigneuses, etc.

74 — Jeune fille lisant une lettre.

Pastel de forme ovale. Haut. 80 cent. ; larg. 62 cent.

75 — Tête de jeune fille.

Pastel de forme ovale. Haut. 58 cent. ; larg. 48 cent.

ENFANTIN.

76 — Paysage.

Sépia.

FLERS.

77 — Paysage.

Pastel.

FONTALLARD.

78 — Nymphes couchées.

Haut. 22 cent.; larg 31 cent.

IMER.

79 — Paysage des environs de Marseille.

Haut. 23 cent.; larg. 39 cent.

JACQUE.

80 — Forgeron.

Dessin.

81 — La Ferme de la Pengole.

Dessin.

JALABERT.

82 — Rêveuse.

Dessin de forme ovale.

JOLLAIN (R. R.). 1778.

83 — Bacchante couchée au milieu des raisins.

Forme ovale. Haut. 52 cent.; larg. 53 cent.

KUWASSEG.

84 — Intérieur de forêt.

Sépia.

MEISSONNIER.

85 — Polichinelle.

86 — Les Amateurs.

Haut. 12 cent.; larg. 9 cent.

87 — La Déclaration. (Esquisse.)

Haut. 18 cent.; larg. 13 cent.

88 — Paysage; effet de soir.

Haut. 10 cent.; larg. 13 cent.

89 — Monsieur Polichinelle.

Haut. 16 cent.; larg. 9 cent.

90 — Un raffiné.

Aquarelle.

91 — Tête de vieillard.

Aquarelle.

NANTEUIL (CÉLESTIN).

92 — Le diable s'en mêle.

Dessin.

93 — Portrait de femme en costume flamand.

Dessin.

NATTIER (JEAN-MARC).

94 — Portrait de femme tenant une couronne de fleurs.

Forme ovale. Haut. 80 cent.; larg. 65 cent.

VAN LOO (JEAN-BAPTISTE).

95 — Jeune femme, une palette à la main, et peignant un Amour.

Pastel de forme ovale. Haut. 82 cent.; larg. 62 cent.

ECOLE FRANÇAISE.

96 — Portrait de la Champmeslé.

Elle est représentée le sein nu, la tête couronnée de lauriers.

Forme ovale. Haut. 70 cent.; larg. 57 cent.

ECOLE FRANÇAISE.

97 — Catherine de Médicis.

Petit médaillon.

98 — Quelques gravures.

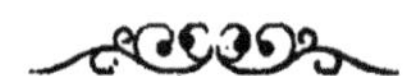

www.ingramcontent.com/pod-product-compliance
Ingram Content Group UK Ltd.
Pitfield, Milton Keynes, MK11 3LW, UK
UKHW031705170726
13836UKWH00001B/48